GWEDDIAU Y

A

CHYNULLEIDFAOL

addaswyd gan:

Elfed ap Nefydd Roberts

CYHOEDDIADAU'R GAIR

Ⓑ Cyhoeddiadau'r Gair 2000

Testun : Elfed ap Nefydd Roberts

Golygydd Cyffredinol: Aled Davies

ISBN 1 85994 175 3
Argraffwyd yng Nghymru

Cyhoeddwyd gan:
Cyhoeddiadau'r Gair, Cyngor Ysgolion Sul Cymru,
Ysgol Addysg, PCB, Safle'r Normal,
Bangor, Gwynedd, LL57 2PX.

Cynnwys

RHAGAIR

Gweithred gynulleidfaol yw addoli - ymateb holl bobl Dduw mewn moliant, gweddi, myfyrdod ac offrwm i ddatguddiad Duw ohono'i hun yn Iesu Grist. Ond yn amlach na pheidio llais un person yn unig, sef y gweinidog neu'r pregethwr, a glywir mewn gwasanaeth arferol gyda'r gynulleidfa'n gwneud fawr mwy na chanu emynau a chydadrodd Gweddi'r Arglwydd.

Deunydd i gynorthwyo cynulleidfaoedd i weddïo gyda'i gilydd a geir yn y gyfrol hon. Cyfrifoldeb y sawl sy'n arwain gwasanaeth yw rhoi mynegiant a chyfeiriad i weddïau'r gynulleidfa. Y mae mwy nag un ffordd o wneud hynny. Nid yw gweddi faith fyrfyfyr bob amser yn llwyddo i gyrraedd yr amcan hwn, ond gellir rhannu gweddi yn is-rannau, megis cyffes, diolch, ymbil ac eiriolaeth, plethu penillion o emyn i'w cyd-ddarllen neu'u canu i mewn i weddi, neu defnyddio cyfnodau byr o ddistawrwydd. Dull arall yw darparu copïau o weddïau ymatebol fel bo'r gynulleidfa yn cymryd rhan drwy ymateb ar lafar i'r ymbiliau.

Gweddïau ymatebol, wedi eu dosbarthu o dan y penawdau *Addoli, Cyffesu, Diolch, Deisyf, Eiriolaeth, Y Gwyliau Cristnogol, Sacramentau a Defodau Eraill*, yw cynnwys y gyfrol hon. Gellir defnyddio'r gweddïau, nid i gymryd lle'r weddi rydd draddodiadol, ond ochr yn ochr â hi. Y mae'r adrannau *Addoli* a *Cyffesu* yn addas ar gyfer gweddïau agoriadol a *Diolch, Deisyf ac Eiriolaeth* ar gyfer y brif weddi.

Ni ddylai rhagfarn yn erbyn 'gweddïo o lyfr' ein dallu i'r egwyddor bwysicach o gynnwys cynulleidfa yn fwy uniongyrchol mewn gweddi gyhoeddus. Ni ddylid dibrisio na cholli gafael ar y ddawn werthfawr o weddïo 'o'r frest', ond y mae defnyddio amrywiaeth o batrymau mewn gweddi yn gymorth i ddal sylw addolwyr ac i ddyfnhau eu profiad o weddïo gyda'i gilydd fel cynulleidfa o bobl Dduw.

Y gobaith yw y bydd y gyfrol fach hon o gymorth i feithrin yr amrywiaeth honno ac i gyfoethogi rhywfaint ar addoliad cyhoeddus yr eglwysi.

4

ADDOLI

1. Sanctaidd, sanctaidd, sanctaidd,
    Dduw pob gallu a grym:
    Nef a daear sy'n llawn o'i ogoniant.

    Y mae'r Arglwydd yn fawr yn Seion,
    y mae'n ddyrchafedig uwch yr holl bobloedd:
    **Bydded inni foli ei enw mawr ac ofnadwy -
    sanctaidd yw ef.**

    Dyrchafwn yr Arglwydd ein Duw;
    ymgrymwn yn ei fynydd sanctaidd:
    Sanctaidd yw'r Arglwydd ein Duw.

Canu neu Adrodd:
    **Sanctaidd, sanctaidd, sanctaidd, Dduw Hollalluog!
     Gyda gwawr y bore dyrchafwn fawl i ti;
    Sanctaidd, sanctaidd, sanctaidd, cadarn a
    thrugarog!
     Trindod fendigaid yw ein Harglwydd ni!**

     I ti, Arglwydd sanctaidd,
    y cyflwynwn ein moliant a'n gweddïau yn awr.
    Molwn di am dy holl ymwneud grasol â ni;
    am i ti ein creu ar dy lun a'th ddelw dy hun;
    am i ti ein cynnal a'n cadw yn dy gariad;
    am i ti ein gwaredu yn dy Fab Iesu Grist;
    am i ti drigo gyda ni yn wastad
    yng ngrym dy Ysbryd Glân.

    **I ti, Arglwydd sanctaidd,
    y dyrchafwn ein calonnau;
    i ti yr offrymwn ein clod. Amen.**

2. Dewch, addolwn ac ymgrymwn,
    plygwn ein gliniau ger bron yr Arglwydd a'n gwnaeth:
    Oherwydd ef yw ein Duw,
    a ninnau'n bobl iddo a defaid ei borfa.

    Dewch i mewn i'w byrth â diolch
    ac i'w gynteddau â mawl:
    Diolchwch iddo, bendithiwch ei enw,
    oherwydd da yw'r Arglwydd.

    Bendithiwch yr Arglwydd, ei holl weithredoedd
    ym mhob man o dan ei lywodraeth:
    Fy enaid, bendithia'r Arglwydd.

    Gras ein Harglwydd Iesu a fo gyda ni:
    Bydded yr Arglwydd gyda ni oll.

    Ceisiwn yr Arglwydd a'i nerth:
    Ceisiwn ei wyneb bob amser.

    Gweddiwn:
    Hollalluog Dduw,
    i ti y mae pob calon yn agored,
    pob dymuniad yn hysbys,
    a phob peth dirgel yn wybyddus;
    drwy ddylanwad dy Lân Ysbryd,
    glanha feddyliau ein calonnau
    er mwyn i ni dy garu'n berffaith,
    a mawrygu'n deilwng dy enw sanctaidd;
    trwy Iesu Grist ein Harglwydd. Amen.

3.   Dduw ein creawdwr,
cydnadyddwn ein bod yn eiddo i ti.

Dduw, ein brenin,
talwn i ti ein gwrogaeth.

Dduw, ein cynhaliwr,
diolchwn i ti am dy fendithion.

Dduw, ein barnwr,
cyffeswn i ti ein pechodau.

Dduw, ein gwaredwr,
ymddiriedwn yn dy drugaredd.

Dduw, ein Tad,
cyflwynwn i ti ein cariad.

Dduw, ein Duw,
**offrymwn i ti ein haddoliad
a molwn dy enw sanctaidd.**

Dduw tragwyddol, awdur goleuni,
rho dy arweiniad i ni
yn ein haddoliad y dydd hwn,
fel y bydd ein gwefusau yn dy foli,
ein myfyrdodau yn dy fawrygu,
a'n bywydau yn dy ogoneddu:
**Arglwydd, arwain ni â'th Ysbryd,
a sancteiddia'n myfyrdod a'n mawl. Amen.**

4.   *Y Gloria.*

Gogoniant yn y goruchaf i Dduw,
a thangnefedd i'w bobl ar y ddaear.

Arglwydd Dduw, frenin nefol,
hollalluog Dduw a Thad,
addolwn di, diolchwn i ti,
clodforwn di am dy ogoniant.

Arglwydd Iesu Grist, unig Fab y Tad,
Arglwydd Dduw, Oen Duw,
yr wyt yn dwyn ymaith bechod y byd;
trugarha wrthym;
tydi sy'n eistedd ar ddeheulaw'r Tad,
derbyn ein gweddi.

Canys ti'n unig sy'n sanctaidd,
ti yn unig yw'r Arglwydd,
ti yn unig yw'r Goruchaf,
Iesu Grist, gyda'r Ysbryd Glân,
yng ngogoniant Duw Dad. Amen.

5. Bendigedig wyt ti, Arglwydd Dduw ein Tadau:
    I'th foli a'th ogoneddu yn dragywydd.

    Bendithiwn y Tad, y Mab a'r Ysbryd Glân:
    Molwn a gogoneddwn ef yn dragywydd.

    Bendigedig wyt ti, Arglwydd, yn ffurfafen y nefoedd:
    Molwn a gogoneddwn di yn dragywydd.

    Cadw ni a bendithia ni, O Arglwydd trugarog:
    Am ein bod yn ymddiried ynot.

    Oni fyddi di'n ein hadfywio eto, O Arglwydd:
    Er mwyn i'th bobl lawenhau ynot?

    Arglwydd, dangos dy drugaredd arnom:
    A dyro i ni dy iachawdwriaeth.

    Arglwydd, cadw ni y dydd hwn yn ddibechod:
    Fel y rhodiwn yn ôl dy ewyllys.

    Arglwydd, clyw ein gweddi:
    A doed ein cri atat.

    Arglwydd Dduw, sanctaidd a gogoneddus,
    o flaen disgleirdeb dy bresenoldeb
    gorchuddia'r angylion eu hwynebau;
    gyda pharch gostyngedig a chariad addolgar,
    moliannwn di, Dad, Mab ac Ysbryd Glân,
    Drindod fendigaid:
    **Bendith ac anrhydedd a gogoniant a gallu
    a fo i'n Duw ni, yn oes oesoedd. Amen.**

6.   Arglwydd Dduw hollalluog,
yr hwn yn y dechreuad a greaist y goleuni:
Anfon allan lewyrch dy wirionedd i'n goleuo.

Arglwydd Iesu Grist, Goleuni'r byd:
gwared ni o'n tywyllwch
a rho i ni olwg ar dy ddisgleirdeb.

Ysbryd Sanctaidd Duw, ein nerth a'n diddanydd:
Tywys ni i bob gwybodaeth
a rho i ni'r sicrwydd ein bod yn blant i Dduw.

Drindod sanctaidd a bendigaid,
Dad, Mab ac Ysbryd Glân, un Duw:
Gyda'th eglwys fawr yn y nef ac ar y ddaear,
gogoneddwn di yn dy ogoniant a'th fawredd.

I ti, Arglwydd a rhoddwr goleuni:
Y bo clod ac anrhydedd yn oes oesoedd. Amen.

7. Dduw ein Tad,
plygwn ger dy fron mewn addoliad
i offrymu i ti gariad ein calonnau,
ddyhead dwfn ein heneidiau,
a moliant ein genau:
CANU: **Abba, fe'th addolwn,**
Ac o'th flaen ymgrymwn,
Ti a garwn.

Arglwydd Iesu Grist,
ein ceidwad a'n brawd,
agorwn ein calonnau i'th gariad,
a chyflwynwn ein hunain
mewn addoliad i ti.
CANU: **Iesu, fe'th addolwn,**
Ac o'th flaen ymgrymwn,
Ti a garwn.

Ysbryd Sanctaidd,
ein diddanydd a'n harweinydd,
anadla arnom anadl dy einioes,
a chymer ein hymbiliau gwael
a gweddïa drwyddynt:
CANU: **Ysbryd fe'th addolwn,**
Ac o'th flaen ymgrymwn,
Ti a garwn.

Drindod Sanctaidd.
Dad, Mab ac Ysbryd Glân,
o'th flaen ymgrymwn:
Ti a garwn,
ti a wasanaethwn,
ac i ti y bo'r clod a'r gogoniant,
yn oes oesoedd. Amen.

8. Tyrd, Arglwydd,
tyrd i gerdded gyda'th bobl,
oherwydd ti'n unig yw ein gobaith a'n gogoniant:
Ti, Arglwydd, a ddisgwyliwn,
ac ynot ti yr ymddiriedwn.

Tyrd, Arglwydd,
tyrd yn gwmni i ni, i'n tywys a'n hamddiffyn,
oherwydd ti'n unig yw ein noddfa a'n nod:
Ti, Arglwydd, a ddisgwyliwn,
ac ynot ti yr ymddiriedwn.

Tyrd, Arglwydd,
tyrd i'n ceisio, i'n canfod ac i'n cywiro,
oherwydd ti yn unig sy'n goleuo ein tywyllwch:
Ti, Arglwydd, a ddisgwyliwn,
ac ynot ti yr ymddiriedwn.

Tyrd, Arglwydd,
tyrd i osod ein traed ar lwybrau dy wirionedd,
oherwydd ti yw'r ffordd, a mwy na'r ffordd i ni:
Ti, Arglwydd, a ddisgwyliwn,
ac ynot ti yr ymddiriedwn.

Tyrd, Arglwydd,
gwyddom dy fod yn agos,
a dymunwn rodio a dawnsio gyda thi:
Ti, Arglwydd, a ddisgwyliwn,
oherwydd gyda'th gwmni a'th gymorth di yn unig,
y medrwn dy addoli a'th wasanaethu. Amen

9. Dduw, ein Tad,
Arglwydd nef a llawr,
ffynhonnell a nerth ein bywyd:
Molwn a chlodforwn di.

Arglwydd Iesu Grist,
ein gwaredwr a'n gobaith,
rhoddwr bywyd yn ei helaethrwydd:
Molwn a chlodforwn di.

Ysbryd Sanctaidd,
ein diddanydd a'n harweinydd,
nerth a bywyd Duw ynom:
Molwn a chlodforwn di.

Dduw Dad, Mab, ac Ysbryd Glân,
perffaith mewn undod a chariad,
yn ein huno ni â thi ac â'n gilydd:
Molwn a chlodforwn di,
yn awr ac yn oes oesoedd. Amen.

10. Dywedodd Iesu,
'Dewch ataf fi,
bawb sy'n flinedig ac yn llwythog,
ac fe roddaf fi orffwystra i chwi.'
Yr wyt ti, Arglwydd, yn ein croesawu.

Pan ydym yn llon,
ein calonnau'n ysgafn,
ac yn llawn hwyl a chwerthin:
Yr wyt ti, Arglwydd, yn ein croesawu.

Pan ydym yn drist,
ein gobeithion yn deilchion,
a phobl wedi cefnu arnom:
Yr wyt ti, Arglwydd, yn ein croesawu.

Pan ydym yn flinedig,
ein beichiau yn ein llethu,
ac angen heddwch a gorffwys arnom:
Yr wyt ti, Arglwydd, yn ein croesawu.

Pan ydym yn teimlo cywilydd,
ein beiau'n staen ar ein heneidiau,
ac euogrwydd yn corddi ynom:
Yr wyt ti, Arglwydd, yn ein croesawu.

Arglwydd croesawgar,
y mae dy ddrws ar agor led y pen,
ac yr wyt yn ein gwahodd atat:
Cyfarfyddwn yma gyda thi yn awr
a diolchwn am dy bresenoldeb a'th groeso.

CYFFESU

11.   Cyffeswn ein pechodau ger bron y Duw sanctaidd ac erfyniwn am ei faddeuant:

O Dduw ein Tad,
cyffeswn ger dy fron
ein bod wedi pechu'n ddirfawr,
ar feddwl, gair a gweithred,
yn erbyn dy ewyllys a'th Air sanctaidd.
 Trugarha wrthym, O Arglwydd,
maddau i ni ein holl bechodau,
gwared ni oddi wrth bob drwg,
cadarnha a chryfha ni ym mhob daioni,
a thywys ni i fywyd tragwyddol. Amen.

Adfer ni eto, O Dduw ein hiachawdwriaeth,
A rho heibio dy ddicter tuag atom.

Dangos i ni dy ffyddlondeb, O Arglwydd,
A rho dy waredigaeth inni.

Dduw, brysia i'n gwaredu,
Arglwydd, prysura i'n cynorthwyo.

Gogoniant i'r Tad, ac i'r Mab ac i'r Ysbryd Glân,
fel yr oedd yn y dechrau,
y mae yr awr hon ac y bydd yn wastad.

Molwch yr Arglwydd,
Moliannwn enw'r Arglwydd.

12. **Down o'th flaen, O Dduw,**
    i gydnabod ein hanneilyngdod
    ac i gyffesu fod ein bywyd yn lloches
    i ddymuniadau annheilwng,
    i feddyliau amhur,
    i deimladau angharedig.
    Y mae hyn yn achos gofid gwirioneddol inni,
    ac fe garem ymagor yn edifeiriol o'th flaen,
    gyffesu'n pechodau,
    a chroesawu dy faddeuant.
    Derbyn ni yn dy drugaredd
    a chymorth ni i ddwyn ffrwyth
    a fydd yn deilwng o'n hedifeirwch.

    Os cyffeswn ein pechodau,
    y mae ef yn ffyddlon ac yn gyfiawn,
    ac fe faddeua, felly, i ni ein pechodau,
    a'n glanhau o bob anghyfiawnder.
    Maddeuwyd ein pechodau yng Nghrist.

    I Dduw y bo'r diolch. Amen.

13.   Dduw Sanctaidd,
      ein gwneuthurwr a'n Tad ni oll:
      Trugarha wrthym.

      Arglwydd Iesu Grist,
      ein gwaredwr a gwas y tlawd:
      Trugarha wrthym.

      Ysbryd Sanctaidd,
      ffynhonnell ac anadl ein bywyd:
      Trugarha wrthym.

      Dad, Mab ac Ysbryd Glân,
      plygwn yn edifeiriol ger dy fron
      i gyffesu i ti ein pechodau i'th erbyn
      ac i ymbil am dy faddeuant .....
                        (*distawrwydd*)
      Ger dy fron di, Arglwydd,
      ac ym mhresenoldeb ein gilydd,
      cyffeswn i ni bechu
      mewn meddwl, gair a gweithred,
      a chlwyfo dy Lân Ysbryd,
      niweidio'n perthynas â'n gilydd
      a dwyn anfri arnom ein hunain.
      Trugarha wrthym, O Arglwydd,
      a dyro i ni dy faddeuant.

      Bydded i Dduw drugarhau wrthym,
      a'n glanhau oddi wrth ein holl feiau;
      Cyn belled ag y mae'r dwyrain o'r gorllewin
      y pellhaodd ein pechodau oddi wrthym.

      Dyro i ni eto orfoledd dy iachawdwriaeth,
      ac â'th hael Ysbryd cynnal ni.

17

14.   Arglwydd, clyw ein gweddi,
        gwrando ar ein deisyfiad:
        Paid â mynd â ni i farn,
        oherwydd nid oes neb byw yn gyfiawn o'th flaen di.

        Brysia i'n hateb, O Arglwydd,
        a phaid â chuddio dy wyneb oddi wrthym:
        Par inni glywed yn y bore am dy gariad,
        oherwydd yr ydym yn ymddiried ynot ti.

        Gwna inni wybod pa ffordd i'w cherdded,
        oherwydd yr ydym wedi dyrchafu'n heneidiau atat ti:
        Arglwydd, gwared ni oddi wrth ein pechodau,
        oherwydd atat ti yr ydym wedi ffoi am gysgod.

        Dysg i ni wneud dy ewyllys,
        oherwydd ti yw ein Duw:
        Bydded i'th ysbryd daionus ein harwain
        ar hyd tir gwastad,
        er mwyn dy enw. Amen.
        (Seiliedig ar Salm 143)

15. Ein Tad nefol,
nid wyt ti byth yn ein gadael,
ond yr ydym ni'n aml yn cefnu arnat ti:
Arglwydd, maddau i ni.

Fe wyddost ti gudd feddyliau'n calonnau,
ein dallineb i'n diffygion ein hunain
a'n diffyg amynedd o feiau pobl eraill:
Arglwydd, maddau i ni.

Am ein geiriau miniog,
am ein meddyliau angharedig
ac am ein cymhellion hunanol:
Arglwydd, maddau i ni.

Am ein balchder mewn llwyddiant,
am ein chwerwder mewn siom,
ac am ein diffyg gwerthfawrogiad
o ddoniau'n gilydd:
Arglwydd, maddau i ni.

**Dad nefol, y mae dy gariad di
yn dwyn bywyd i farweidd-dra'n heneidiau,
goleuni i dywyllwch ein meddyliau,
a nerth i'n hewyllys wan.
Rho i ni ffydd i gredu
nad oes yr un pechod ynom
yn rhy fawr i ti i'w faddau,
drwy haeddiant dy Fab,
ein Harglwydd Iesu Grist. Amen.**

16.	Gras a thangnefedd i chwi
oddi wrth Dduw ein Tad
a'r Arglwydd Iesu Grist:
**Yr hwn a'i rhoes ei hun
dros ein pechodau ni**.

Yr ydych chi a fu unwaith ymhell,
wedi eich dwyn yn agos
trwy farw aberthol Crist:
**Ef yw ein heddwch ni,
cymododd ni â Duw,
mewn un corff, trwy'r groes**.

Prawf Duw o'r cariad
sydd ganddo tuag atom yn hyn:
**Bod Crist wedi marw drosom
pan oeddem yn dal yn bechaduriaid**.

*Mewn distawrwydd cofiwn yn edifeiriol
am ein beiau a'n pechodau yn erbyn Duw
ac yn erbyn ein gilydd ....*
	(distawrwydd)
**Arglwydd daionus,
cyffeswn i ni dy siomi,
i ni fyw'n hunanol ac anystyriol,
gan fynnu dilyn ein ffordd ein hunain
ac anghofio anghenion eraill
a gofynion dy gariad di.
Ymbiliwn am dy faddeuant
i'n rhyddhau o'n beiau,
ac am nerth dy Ysbryd
i fyw yn ôl dy orchmynion;
trwy Iesu Grist ein Harglwydd. Amen**.

17. Arglwydd, dymunwn agosáu atat,
ond yr ydym yn ymwybodol
o'r pechodau hynny sy'n dod rhyngom a thi,
felly cyffeswn

ein pryderon a'n gofidiau,
a gofynnwn am iachâd;

ein geiriau a'n gweithredoedd anystyriol,
a gofynnwn am uniondeb;

ein meddyliau a'n cymhellion cymysg,
a gofynnwn am burdeb;

ein hanniddigrwydd a'n heuogrwydd:
a gofynnwn am dangnefedd;

Arglwydd, trugarha wrthym,
**cofleidia ni yng nghariad Iesu
a dyro i ni faddeuant. Amen**.

18. Arglwydd ein Duw,
dy fyd di yw hwn a ninnau'n bobl i ti:
**Arglwydd, trugarha wrthym
a maddau i ni ein pechodau**.

Yr ydym wedi camddefnyddio dy roddion,
wedi camdrin dy greadigaeth brydferth,
ac wedi byw yn hunanol ac anystyriol:
**Arglwydd, trugarha wrthym
a maddau i ni ein pechodau**.

Yr ydym wedi anwybyddu dioddefiadau pobl eraill,
wedi bod yn glustfyddar i'w cri,
ac heb estyn cymorth iddynt yn eu hadfyd:
**Arglwydd, trugarha wrthym
a maddau i ni ein pechodau**.

Yr ydym wedi dygymod ag anghyfiawnder y byd,
wedi cau'n llygaid i ormes a chreulondeb,
ac heb ymdrechu dros degwch a chymod:
**Arglwydd, trugarha wrthym
a maddau i ni ein pechodau**.

Yr ydym wedi clywed newyddion da'r Efengyl,
ond wedi bod yn llygoer ein hymateb,
ac wedi colli llawer cyfle i dystio i Iesu Grist:
**Arglwydd, trugarha wrthym
a maddau i ni ein pechodau**.

Yr wyt wedi dangos i ni dy gariad tuag atom,
ond nid ydym wedi dy garu di â'n holl galon
na'n cymydog fel ni ein hunain:
**Arglwydd, trugarha wrthym
a maddau i ni ein pechodau,
yn enw Iesu Grist ein Gwaredwr. Amen**.

19. Mewn edifeirwch a gwyleidd-dra
     trown yn ôl at Dduw ein Tad,
     cyffeswn inni fod yn anufudd ac yn afradlon,
     ac ymbiliwn am ei faddeuant gan ddweud:

     Ein Tad,
     yr ydym wedi pechu yn erbyn y nef
     ac yn dy erbyn di.
     Nid ydym yn haeddu ein galw'n blant i ti.
     Dychwelwn atat mewn edifeirwch.
     Trugarha wrthym a derbyn ni'n ôl,
     fel rhai a fuom feirw,
     ond a ddaethom yn fyw drachefn,
     fel rhai a fuom ar goll, ond a chafwyd hyd inni;
     trwy Iesu Grist ein Harglwydd,
     a ddaeth i'n ceisio ac i'n cadw
     i fywyd tragwyddol. Amen

     (Seiliedig ar Luc 15: 18-24)

20.   Cyffeswn yn ostyngedig ein pechodau i Dduw:

O Dduw ein Tad,
yn dy Fab Iesu Grist
dangosaist i ni ffordd y bywyd:
cyffeswn mewn cywilydd
mor araf y buom i ddysgu ganddo,
mor amharod i'w ddilyn,
ac mor anfodlon i gario'i groes.
Cyffeswn dlodi ein bywyd ysbrydol,
ein hesgeulustod o weddi ac addoliad,
cloffni ein tystiolaeth dros Grist,
a'n methiant i gyflawni'n dyletswyddau
fel gweision i ti, ein Duw.
Arglwydd, trugarha wrthym.

Bydd yn drugarog wrthym a'n bendithio,
a bydded llewyrch dy wyneb arnom:
Arglwydd, trugarha wrthym.

Par i'th ffyrdd fod yn wybyddus ar y ddaear,
a'th waredigaeth ymysg yr holl genhedloedd:
Arglwydd, trugarha wrthym.

Bydded i'r cenhedloedd lawenhau a gorfoleddu,
oherwydd yr wyt ti'n barnu pobl yn gywir:
Arglwydd, trugarha wrthym.

Am dy drugaredd a'th faddeuant,
bydded i'r bobloedd dy foli, O Dduw:
Bydded i'r holl bobloedd dy foli di,
a bydded i holl gyrrau'r ddaear
lawenhau yn dy drugaredd. Amen.

DIOLCH

21   Molwn di, O Dad.
Molwn di, Iesu Bendigaid.
Molwn di, Ysbryd Sanctaidd.
  Am dy gariad ac am dy ddaioni di i'n byd,
am dy ofal drosom o ddydd i ddydd,
am iechyd corff a meddwl,
am ein hanwyliaid a'n cartrefi,
ac am gymorth a charedigrwydd cyfeillion;
  I ti, O Dad, diolchwn.

  Am brydferthwch natur a'r tymhorau:
am ffresni'r gwanwyn a'r briallu;
am yr haf a'i wres;
am yr hydref a'i liwiau hardd;
ac am y gaeaf a rhyfeddodau'r eira:
  I ti, O Dad, diolchwn.

  Am flodau'r gerddi a'r meysydd;
am ffrwythau'r coed a'r perllannau;
am gnwd y meysydd;
am ŷd a gwenith;
ac am bob rhyw ymborth i ddyn ac anifail;
  I ti, O Dad, diolchwn.

  Am bob peth sy'n llonni a llenwi ein dyddiau;
am ddylanwad pobl dda;
am ysgolion ac athrawon i'n dysgu;
am ysbytai a phawb sy'n gweini ynddynt;
ac am bob dyfais sy'n gyfleustra ac yn gysur i ni:
  I ti, O Dad, diolchwn.

Am gysegr ac am ryddid i addoli;
am foddion gras a gwirionedd dy Air;
am gymdeithas ffrindiau yn y Ffydd;
am ddoniau'r Ysbryd Glân
ac am gwmni ein Harglwydd Iesu:
I ti, O Dad, diolchwn.

Am alwad Iesu i ni fod yn ddisgyblion iddo;
am fendithion y bywyd Cristnogol;
am bob cyfle i wasanaethu eraill yn dy enw;
am dy drugaredd yn maddau i ni ein pechodau;
ac am addewid a gobaith bywyd tragwyddol:
I ti, O Dad, diolchwn
a'th enw di a fendigwn. Amen.

22. Bendigwn Dduw yn ei gariad
     am ei holl roddion i ni ei blant:

     Am ein creadigaeth a'n cynhaliaeth;
     Am ein breintiau a'n bendithion;
     Am ein ceraint a'n cyfeillion:
     Bendigedig fo Duw.

     Am Grist ein Gwaredwr;
     Am newyddion da'r Efengyl;
     Am ddyfodiad teyrnas Dduw:
     Bendigedig fo Duw.

     Am aberth y Groes;
     Am faddeuant pechodau;
     Am gymod â Duw:
     Bendigedig fo Duw.

     Am rym yr Atgyfodiad;
     Am rodd yr Ysbryd Glân;
     Am gymdeithas y saint:
     Bendigedig fo Duw.

     Am foddion gras;
     Am oleuni'r Gair;
     Am obaith gogoniant:
     Bendigedig fo Duw.

     Mewn llawenydd a gofid;
     Mewn bywyd ac angau;
     Yn awr a hyd byth:
     Bendigedig fo Duw. Amen.

23. O Dduw pob gras,
Tad ein Harglwydd Iesu Grist,
ein creawdwr, ein gwaredwr,
a rhoddwr popeth da:
dyrchafwn ein calonnau atat
a diolchwn i ti
am dy ragluniaeth helaeth a thyner,
am dy fendithion sy'n newydd bob bore,
am oleuni dy wirionedd,
am dy agosrwydd atom bob amser
ac am arweiniad a thangnefedd
yr Ysbryd Glân.
 Derbyn ein diolch,
cadw ni yn dy gariad,
a thywys ni yn y diwedd
i'r gogoniant tragwyddol,
lle mae llawnder llawenydd
a heddwch byth bythoedd;
trwy Iesu Grist ein Harglwydd. Amen.

24 Rhown ddiolch i ti, O Arglwydd,
    am deulu dy eglwys ar y ddaear,
    am gael bod yn rhan o gorff Crist,
    ac am holl amrywiaeth ei hanes a'i thraddodiadau:
    Diolchwn i ti, O Arglwydd.

Am weithgarwch dy Ysbryd Glân
yn ein creu'n gymdeithas,
yn ein gwisgo â doniau Crist,
ac yn ein cymhwyso ar gyfer ein cenhadaeth:
    Diolchwn i ti, O Arglwydd.

Am y gobaith sydd yn ein galwad,
am i ti ein cadw'n ffyddlon yn ein hymdrechion,
am i ti ein gwroli mewn anawsterau,
ac am i ti addo inni dy gwmni a'th gymorth
hyd diwedd y byd:
    Diolchwn i ti, O Arglwydd.

Am i ti ein huno yn dy gariad;
am oleuni ac arweiniad dy air,
am sacramentau'r efengyl,
ac am lwybrau gweddi a bendithion addoli:
    Diolchwn i ti, O Arglwydd.
    Nertha ni i ymroi i gadw â rhwymyn tangnefedd
    yr undod y mae'r Ysbryd yn ei roi. Amen.

25 Rhoddaf ddiolch i ti, Arglwydd, â'm holl galon;
    o flaen Duw datganaf dy glod:
    **Ymgrymaf tua dy deml sanctaidd a chanmolaf dy
    enw,**
    oherwydd dy gariad a'th ffyddlondeb mawr.

    Yr wyt wedi gogoneddu dy enw a'th air
    uwchlaw pob peth:
    Pan elwaist fi, atebaist fi,
    a chynyddu fy nerth o'm mewn.

    Bydd holl frenhinoedd y ddaear yn dy glodfori, O Dduw,
    wedi clywed geiriau dy enau:
    Datganant am ffyrdd yr Arglwydd,
    mawr yw gogoniant yr Arglwydd.

    Er mor uchel yw'r Arglwydd,
    mae yn gofalu am y gostyngedig,
    ac yn canfod y balch o hirbell:
    Er cerdded yng nghanol blinder,
    yr wyt yn fy nghadw'n ddiogel,
    bydd dy ddeheulaw yn fy achub.

    O Arglwydd, mae dy gariad yn parhau byth:
    Mawr yw gogoniant yr Arglwydd.

    (*Seiliedig ar Salm 138*)

26 Arglwydd Iesu,
    diolchwn i ti am y breintiau a ddaw i ni
    o'th fywyd a'th angau drud.

    Daethost yn dlawd,
    Er mwyn i ni gael ein gwneud yn gyfoethog.

    Cefaist dy gyhoeddi ar y ddaear
    gan broffwydi syml,
    **Er mwyn i ni gael ein cyhoeddi yn y nefoedd
    gan angylion y gogoniant**.

    Cefaist dy eni i deyrnas Herod,
    **Er mwyn i ni gael ein geni o'r newydd
    i deyrnas Dduw**.

    Yr oeddet heb le i roi dy ben i lawr,
    **Er mwyn i ni gael meddiannu'r lle
    a baratoaist ar ein cyfer**.

    Yfaist o gwpan ein gofidiau a'n trallodion,
    **Er mwyn i ni gael yfed o gwpan dy lawnder
    a'th lawenydd di**.

    Gwisgaist goron o ddrain,
    Er mwyn i ni gael gwisgo coron gogoniant.

    Cefaist dy ddyrchafu ar groes,
    Er mwyn i ni gael ein dyrchafu i'th orsedd di.

    Atgyfodaist ac esgynnaist,
    **Er mwyn i ni, yn awr ac yn y diwedd,
    gael ein huno â thi ym mhresenoldeb y Tad**.

    **Derbyn, Arglwydd, offrwm ein diolch a'n clod.
    Amen**.

27 O Dad, trwy Iesu Grist,
ac yng ngrym dy Ysbryd Glân:
Rhoddwn i ti ddiolch a mawl.

Am y rhodd o'th Fab, Iesu Grist, ein Harglwydd,
am ei eni'n isel o Fair Forwyn,
am ei weinidogaeth rymus o bregethu ac iacháu:
Rhoddwn i ti ddiolch a mawl.

Am ei gariad diysgog yn mynd i Jerwsalem,
am ei ing yng ngardd Gethsemane,
am ei ddioddefaint a'i angau ar y groes:
Rhown i ti ddiolch a mawl.

Am ei atgyfodiad oddi wrth y meirw,
am ei esgyniad i'th ddeheulaw mewn gogoniant,
am ei dragwyddol eiriolaeth drosom,
am ei addewid y daw drachefn
i ddwyn ei deyrnas i'w chyflawnder:
Rhoddwn i ti ddiolch a mawl,
yn awr a hyd byth ac yn oes oesoedd. Amen.

28   Arglwydd Iesu Grist,
      ti yw ein Gwaredwr,
      yn ein caru er gwaethaf ein hannheilyngdod,
      yn maddau i ni ein beiau
      ac yn ein cymodi â Duw ac â'n gilydd:
      Diolchwn i ti am efengyl dy ras.

      Arglwydd Iesu Grist,
      ti yw ein Hathro,
      yn ein hyfforddi yn dy ffyrdd,
      yn dangos i ni gariad y Tad
      ac yn ein dysgu i garu'n gilydd yn dy enw:
      Diolchwn i ti am efengyl dy gariad.

      Arglwydd Iesu Grist,
      ti yw ein Cyfaill,
      yn gwmni ac yn gydymaith i ni,
      yn ein cysuro yn ein gofidiau,
      ac wrth law o hyd i wrando'n cri:
      Diolchwn i ti am efengyl dy hedd.

      Arglwydd Iesu Grist,
      ti yw ein Brenin,
      yn teyrnasu ar orsedd ein calonnau,
      yn plannu ynom egwyddorion teyrnas Dduw,
      ac yn teilyngu ein hufudd-dod a'n clod:
      Diolchwn i ti am efengyl y deyrnas.

      Arglwydd Iesu Grist,
      ti yw ein Gobaith,
      ynot ti yr ydym yn fwy na choncwerwyr,
      ynot ti y cawn lawnder bywyd yn y byd,
      ac yn y byd a ddaw fywyd tragwyddol:
      Diolchwn i ti am efengyl
      yr argyfodiad a'r bywyd. Amen.

29   Rhoddwn ddiolch i ti, O Dduw.
      Am y ffurfafen uwchben sy'n datgan dy ogoniant,
      ac am y byd a greaist mor deg:
      Diolchwn i ti, O Dduw.
      Am rin yr haul a glendid yr aer,
      ac am iechyd i'w mwynhau:
      Diolchwn i ti, O Dduw.
      Am ffurfiau'r mynyddoedd a'r bryniau,
      am liwiau'r blodau a'r coed,
      ac am lygaid i'w gweld a'u mwynhau:
      Diolchwn i ti, O Dduw.
      Am gân yr adar, am fiwsig llais ac offeryn,
      ac am glustiau i'w clywed a'u mwynhau:
      Diolchwn i ti, O Dduw.
      Am lyfrau buddiol, am farddoniaeth a chelfyddyd,
      ac am synhwyrau i'w gwerthfawrogi a'u mwynhau:
      Diolchwn i ti, O Dduw.
      Am bobl dda, am eu ffydd, eu gobaith a'u gwroldeb,
      ac am y ddawn i'w hedmygu a'u hefelychu:
      Diolchwn i ti, O Dduw.
      Am y rhai sy'n ein caru ac yn gofalu amdanom,
      am eu cwmni a'u cyfeillgarwch,
      ac am galonnau i'w caru hwy:
      Diolchwn i ti, O Dduw.
      Am deulu dy eglwys, am ei chymdeithas a'i haddoliad,
      am fendithion gweddi, am rin dy air,
      ac am ffydd i'w dathlu a'u mwynhau:
      Diolchwn i ti, O Dduw.
      Am Iesu Grist, ein Gwaredwr a'n Harglwydd,
      ac am fywydau i'w cysegru iddo
      mewn cariad a gwasanaeth:
      Diolchwn i ti, O Dduw. **Amen**.

30   Arglwydd,
diolchwn mai Duw cyfiawnder wyt ti.

Pan yw'r tlawd a'r gwan,
dan lwyth cynni a gorthrwm,
yn codi ar eu traed ac yn ymsythu yn yr haul;
pan yw plant newynog yn cael bwyd i'w fwyta
a dŵr glân i'w yfed:
    Diolchwn fod cyfiawnder yn ennill tir,
    a'th deyrnas di yn dod yn nes.

Diolchwn mai Duw tangnefedd wyt ti.
Pan yw hen elynion yn blino ar ryfela,
ac yn estyn dwylo tuag at ei gilydd
mewn goddefgarwch a chymod;
pan yw gwên a chymwynas a gair caredig
yn ymlid dyrnau, bwledi a bomiau:
    Diolchwn fod tangnefedd yn ennill tir,
    a'th deyrnas di yn dod yn nes.

Diolchwn mai Duw cariad wyt ti.
Pan yw'r rhai sy'n ymgiprys am gyfoeth a grym
yn ystyried anghenion eraill,
ac yn gweithio i greu cymunedau cymdogol;
pan yw teuluoedd yn ddedwydd,
a phlant bach a hen bobl yn ddiogel:
    Diolchwn fod cariad yn ennill tir,
    a'th deyrnas di yn dod yn nes.

Diolchwn mai Duw gobaith wyt ti.
Pan yw'r trallodus a'r trist
yn canfod goleuni yn eu tywyllwch
a hedd i dawelu eu hofnau;
pan yw diddanwch dy gwmni
yn rhoi ystyr a chyfeiriad i daith bywyd:
    Diolchwn fod gobaith yn ennill tir,
    a'th deyrnas di yn dod yn nes.

Arglwydd bywyd,
diolchwn mai ynot ti
y dysgwn gyfrinach a gorfoledd byw.
   Diolchwn am dy rym sy'n ein gwroli,
   ac am dy deyrnas sy'n mynd rhagddi yn y byd.
   Amen.

DEISYF

31   Trwy weddïau Iesu,
Arglwydd, dysg i ni weddïo.

Trwy gariad Iesu,
Arglwydd, dysg i ni garu'n gilydd.

Trwy haelioni Iesu,
Arglwydd, dysg i ni sut i roi.

Trwy lafur Iesu,
Arglwydd, dysg ni i weithio drosot.

Trwy dosturi Iesu,
Arglwydd, dysg ni i ofalu am ein gilydd.

Trwy ufudd-dod Iesu,
Arglwydd, dysg i ni gyflawni dy ewyllys.

Trwy groes Iesu,
Arglwydd, dysg ni sut i ddioddef.

Trwy atgyfodiad Iesu,
Arglwydd, dysg ni i fyw yn fuddugoliaethus.

Trwy deyrnasiad Iesu,
Arglwydd, dysg ni i fyw i ti. Amen

32   Arglwydd Iesu,
yn dy drugaredd a'th ras,
tyrd i feddiannu'n calonnau
ac i deyrnasu ynom.

Y mae'n calonnau'n wag:
llanw hwy â'th bresenoldeb sanctaidd:

Y mae'n calonnau'n amddifad,
ymgeledda hwy yn dy gariad;

Y mae'n calonnau'n aflan,
pura hwy â'th werthfawr waed;

Y mae'n calonnau'n wan,
grymusa hwy yng ngwirionedd dy air;

Y mae'n calonnau'n drist,
rho iddynt lawenydd dy Ysbryd.

Y mae'n calonnau'n eiddo i ti:
trig ynddynt, Arglwydd Iesu,
a gwna hwy'n demlau Duw. Amen.

33   Tyrd, Arglwydd, i lywodraethu arnom.
      Tyrd, i'n calonnau:
      A llanw hwy â'th gariad.

      Tyrd, Arglwydd, i'n meddyliau:
      A llanw hwy â'th wirionedd.

      Tyrd, Arglwydd, i'n heneidiau:
      A llanw hwy â'th dangnefedd.

      Tyrd, Arglwydd, i'n dyddiau:
      A llanw hwy â'th oleuni.

      Tyrd, Arglwydd, i'n bywydau:
      A llanw hwy â'th lawenydd.
      Tyrd, Arglwydd, i lywodraethu arnom. Amen.

34   Arglwydd, dysg ni i garu ein gilydd,
oherwydd ohonot ti y mae cariad:
Arglwydd, dysg ni i garu ein gilydd.

Y mae pob un sy'n caru wedi ei eni o Dduw,
ac yn adnabod Duw:
Oherwydd cariad yw Duw.

Yn hyn y dangoswyd cariad Duw tuag atom:
Bod Duw wedi anfon ei unig Fab i'r byd
er mwyn i ni gael byw drwyddo ef.

Yn hyn y mae cariad,
nid ein bod ni'n caru Duw:
Ond ei fod ef wedi'n caru ni ac anfon ei Fab
i fod yn foddion ein puredigaeth oddi wrth ein
pechodau.

Os yw Duw wedi ein caru ni fel hyn,
fe ddylem ninnau hefyd garu ein gilydd:
Os ydym yn caru ein gilydd y mae Duw yn aros ynom
ac y mae ei gariad ef wedi ei berffeithio ynom ni.

Cariad yw Duw:
Ac y mae'r hwn sy'n aros mewn cariad yn aros yn
Nuw, a Duw yn aros ynddo yntau.

Arglwydd, aros ynom ni,
Fel y down i adnabod a chredu'r cariad
sydd gennyt ti tuag atom. Amen.

(Seiliedig ar I Ioan 4)

35 Golchi traed dy ddisgyblion,
Ac estyn cwpan o ddŵr i'r sychedig:

Iacháu'r cleifion a chysuro'r trist,
A mynd o amgylch gan wneud daioni:

Gwasanaethu'r anghenus a chynorthwyo'r gwan,
A thrwy hynny dy wasanaethu di:

Caru ein gelynion, gweddïo dros y rhai sy'n ein herlid,
A bod yn blant i'n Tad sydd yn y nefoedd:

Pa beth bynnag y dymunwn i ddynion ei wneud i ni,
Gwnawn ninnau felly iddynt hwy:

Hyn yw'r Gyfraith a'r Proffwydi:
Hyn a ddysgaist i ni.

Cynorthwya ni, yn ddiolchgar ac yn ufudd,
i gerdded llwybrau dy gariad.
Dyma ni, at dy wasanaeth, Arglwydd. Amen.

36 Arglwydd, gweddïwn am dy gymorth yn ein gwendidau,
    ac am dy nerth i orchfygu pob temtasiwn.

    Pan syrthiwn i afael drygioni a methu sefyll dros y da:
    Tyrd, Arglwydd, i'n nerthu.

    Pan ddewiswn ddweud celwydd yn hytrach na'r gwir:
    Tyrd, Arglwydd, i'n cywiro.

    Pan gollwn ein ffordd mewn bywyd
    a chrwydro oddi ar dy lwybrau di:
    Tyrd, Arglwydd, i'n cyfarwyddo.

    Pan anghofiwn weddïo a phan esgeuluswn
    addoliad dy dŷ:
    Tyrd, Arglwydd, i fywhau'n heneidiau.

    Pan lithrwn i ddiogi corff, meddwl ac ysbryd:
    Tyrd, Arglwydd, i'n dihuno.

    Mewn poen, gofid a thristwch:
    Tyrd, Arglwydd, i'n gwroli.

    Mewn iechyd, llwyddiant a bodlonrwydd:
    Tyrd, Arglwydd, i'n rybuddio.

    Mewn ofn, unigrwydd ac angau:
    Tyrd, Arglwydd, i'n harwain a'n cynnal.

    Arglwydd Iesu Grist,
    a orchfygaist ar y groes rym drygioni,
    rho i ni nerth i oresgyn ein gwendidau a'n pechodau,
    ac i rannu yn dy fuddugoliaeth di,
    yn awr a hyd byth. **Amen**.

37   *'Ffrwyth yr Ysbryd yw cariad, llawenydd, tangnefedd,*
goddefgarwch, caredigrwydd, daioni, ffyddlondeb,
addfwynder, hunan-ddisgyblaeth ... Os yw ein bywyd
yn yr Ysbryd, ynddo hefyd bydded ein buchedd'
(Gal. 5: 22, 25).

Tyrd, Ysbryd Sanctaidd, rho i ni gariad,
a dysg ni i garu fel y carodd Crist.

Tyrd, Ysbryd Sanctaidd, rho i ni lawenydd,
fel y dathlwn ein ffydd a'n cymdeithas â'n gilydd.

Tyrd, Ysbryd Sanctaidd, rho i ni dangnefedd,
a gostega bob cynnwrf sydd ynom.

Tyrd, Ysbryd Sanctaidd, rho i ni oddefgarwch,
**a dysg ni i dderbyn a pharchu pawb sy'n wahanol i
ni.**

Tyrd, Ysbryd Sanctaidd, rho i ni garedigrwydd,
a gwna ni'n dyner a chymwynasgar tuag at bawb.

Tyrd, Ysbryd Sanctaidd, rho i ni ddaioni,
a nertha ni i fyw yn deilwng o'n galwedigaeth.

Tyrd, Ysbryd Sanctaidd, rho i ni ffyddlondeb,
a chadw ni'n deyrngar yn ein ffydd a'n proffes.

Tyrd, Ysbryd Sanctaidd, rho i ni addfwynder,
a gwared ni rhag balchder a gwag ymffrost.

Tyrd, Ysbryd Sanctaidd, rho i ni hunan-ddisgyblaeth,
a nertha ni i ymwrthod â phob temtasiwn.

Tyrd, Ysbryd Sanctaidd, rho i ni dy fywyd dy hun,
**fel yr amlygir ynom ni
rym a gogoniant bywyd y deyrnas. Amen.**

38 Arglwydd ein Duw,
dymunwn gysegru'n hunain i ti ac i waith dy deyrnas:
ein cyrff i'th wasanaethu,
ein calonnau i'th garu,
a'n heneidiau i'th addoli.

(*Canu neu adrodd*)
Cymer, Arglwydd, f'einioes i,
I'w chysegru oll i ti;
Cymer fy munudau i fod
Fyth yn llifo er dy glod.

Arglwydd, dymunwn gysegru'n dwylo
i gyflawni dy ofynion ac i weini ar eraill,
a chysegru'n traed i fynd ar dy negesau
ac i ddwyn i'r byd y newyddion da am Iesu.

Cymer di fy nwylo'n rhodd
Fyth i wneuthur wrth dy fodd;
Cymer, Iôr, fy neudroed i,
Gwna hwy'n weddaidd erot ti.

Arglwydd, dymunwn gysegru'n genau a'n lleisiau,
i gysuro'r rhai sy'n unig ac yn drist,
i ddweud wrth eraill am dy gariad
ac i offrymu iti ein gweddïau a'n haddoliad.

Cymer di fy llais yn lân,
Am fy Mrenin boed fy nghân;
Cymer fy ngwefusau i,
Llanw hwynt â'th eiriau di.

Arglwydd, dymunwn gyflwyno'n heiddo i ti:
ein harian a'n hamser i hyrwyddo dy bwrpas,
ein doniau i hybu tystiolaeth dy eglwys,
a'n dyheadau a'n gobeithion am lwyddiant dy deyrnas.

Cymer f'aur a'r da sydd im,
Mi ni fynnwn atal dim;
Cymer fy nghyneddfau'n llawn,
I'th wasanaeth tro bob dawn.

Arglwydd, dymunwn gysegru'n hewyllys a'n calon i ti,
er mwyn eu dwyn i gytgord â'th ewyllys,
er mwyn i'n meddyliau fod yn un â'th feddwl di,
ac er mwyn inni ufuddhau i ti a'th garu ym mhob peth.

Cymer mwy f'ewyllys i,
Gwna hi'n un â'r eiddot ti;
Cymer iti'r galon hon
Yn orseddfainc dan fy mron.

Arglwydd, dymunwn roi ein hunain yn llwyr i ti,
heb amau, heb betruso, heb ddal dim yn ôl,
ond mentro'r cyfan yn antur fawr dy deyrnas.
  Arglwydd, cymer ni.

Cymer fy serchiadau, Iôr,
Wrth dy draed rwy'n bwrw eu stôr;
Cymer, Arglwydd, cymer fi,
Byth, yn unig, oll i ti. Amen.

39   *Y Deg Gorchymyn*

Llais 1:   Llefarodd Duw yr holl eiriau hyn, a dweud,
"Myfi yw'r Arglwydd dy Dduw, a'th arweiniodd
allan o wlad yr Aifft, o dŷ caethiwed.
Na chymer dduwiau eraill ar wahân i mi."

Pawb: **Arglwydd, trugarha wrthym
a chynorthwya ni i gadw'r gyfraith hon**.

Llais 2:   "Na wna i ti ddelw gerfiedig ar ffurf dim
sydd yn y nefoedd uchod na'r ddaear isod
nac yn y dŵr dan y ddaear; nac ymgryma
iddynt na'u gwasanaethu, oherwydd yr wyf fi,
yr Arglwydd dy Dduw, yn Dduw eiddigeddus; yr
wyf yn cosbi'r plant am ddrygioni'r tadau hyd
y drydedd a'r bedwaredd genhedlaeth o'r rhai
sy'n fy nghasáu, ond yn dangos trugaredd i
filoedd o'r rhai sy'n fy ngharu ac yn cadw fy
ngorchmynion."

Pawb: **Arglwydd, trugarha wrthym
a chynorthwya ni i gadw'r gyfraith hon**.

Llais 1:   "Na chymer enw'r Arglwydd dy Dduw yn ofer,
oherwydd ni fydd yr Arglwydd yn ystyried
yn ddieuog y sawl sy'n cymryd ei enw'n ofer."

Pawb: **Arglwydd, trugarha wrthym
a chynorthwya ni i gadw'r gyfraith hon**.

Llais 2:   "Cofia'r dydd Saboth, i'w gadw'n gysegredig.
Chwe diwrnod yr wyt i weithio a gwneud dy
holl waith, ond y mae'r seithfed dydd yn Saboth
yr Arglwydd dy Dduw; na wna ddim gwaith y
dydd hwnnw, ti na'th fab, na'th ferch, na'th was,
na'th forwyn, na'th anifail, na'r estron sydd
o fewn dy byrth; oherwydd mewn chwe diwrnod y
gwnaeth yr Arglwydd y nefoedd a'r ddaear,
y môr a'r cyfan sydd ynddo; ac ar y seithfed dydd

fe orffwysodd; am hynny, bendithiodd yr
Arglwydd y dydd Saboth a'i gysegru."

Pawb: **Arglwydd, trugarha wrthym
a chynorthwya ni i gadw'r gyfraith hon.**

Llais 1: "Anrhydedda dy dad a'th fam, er mwyn amlhau
dy ddyddiau yn y wlad y mae'r Arglwydd yn
ei rhoi i ti."

Pawb: **Arglwydd, trugarha wrthym
a chynorthwya ni i gadw'r gyfraith hon.**

Llais 2: "Na ladd."

Pawb: **Arglwydd, trugarha wrthym
a chynorthwya ni i gadw'r gyfraith hon.**

Llais 1: "Na odineba."

Pawb: **Arglwydd, trugarha wrthym
a chynorthwya ni i gadw'r gyfraith hon.**

Llais 2: "Na ladrata."

Pawb: **Arglwydd, trugarha wrthym
a chynorthwya ni i gadw'r gyfraith hon.**

Llais 1: "Na ddwg gamdystiolaeth yn erbyn
dy gymydog."

Pawb: **Arglwydd, trugarha wrthym
a chynorthwya ni i gadw'r gyfraith hon.**

Llais 2: "Na chwennych dŷ dy gymydog, na'i wraig,
na'i was, na'i forwyn, na'i ych, na'i asyn,
na dim sy'n eiddo i'th gymydog."

Pawb: **Arglwydd, trugarha wrthym,
ysgrifenna'r cyfreithiau hyn yn ein calonnau
a chynorthwya ni i'w cadw bob amser,
mewn ufudd-dod i'th orchymyn
ac er gogoniant i'th enw. Amen.**

40   Arglwydd Dduw, y mae dy angen di arnom
i wynebu problemau a threialon bywyd.
Pan fyddwn yn baglu ac yn colli'n ffordd:
**Arglwydd, cynnal ni a thywys ni i gerdded
llwybrau Iesu Grist**.

Pan fyddwn yn teimlo'n unig ac yn drist
a heb neb gennym i droi ato am gwmni a chymorth:
**Arglwydd, bydd yn agos atom
a helpa ni i ganfod cyfeillgarwch Iesu Grist**.

Pan welwn ein byd cyfarwydd mewn anhrefn
a'n cynlluniau a'n gobeithion yn chwalu:
**Arglwydd, tywys ni i weld dy gynllun
di ar ein cyfer yn Iesu Grist**.

Pan welwn ein cyd-ddynion mewn tlodi ac angen,
ac yn nychu o brinder bwyd:
**Arglwydd, cynorthwya ni i rannu â hwy yr hyn
sydd gennym ac i ddangos cariad Iesu Grist**.

Pan welwn effeithiau trais ac anghyfiawnder
a theimlo dicter yn berwi o'n mewn:
**Arglwydd, cymer bob atgasedd o'n calonnau
a llanw ni ag ysbryd Iesu Grist**.

Pan ddaw cysgod angau yn agos atom
a'n gadael mewn galar a thristwch:
**Arglwydd, rho i ni ragflas o'r bywyd tragwyddol
a ffydd i gredu mai Iesu Grist yw'r argyfodiad
a'r bywyd**.

Arglwydd, cod ni o afael pob gofid a phoen:
A rho i ni nerth ein Harglwydd Iesu Grist. Amen.

EIRIOL

41   Gweddïwn dros heddwch y byd.
Arglwydd caniatá inni fyw ynghyd
mewn cyfiawnder a chytgord:
    Arglwydd, clyw ein gweddi.

Gweddïwn dros yr Eglwys drwy'r byd.
Arglwydd, cadw hi yn ffyddlon i'th Air
a llwydda ei gwaith a'i thystiolaeth:
    Arglwydd, clyw ein gweddi.

Gweddïwn dros gartrefi'n gwlad.
Arglwydd, estyn dy amddiffyn drostynt
a sancteiddia ein teuluoedd yn dy gariad di:
    Arglwydd, clyw ein gweddi.

Gweddïwn dros blant a phobl ifanc.
Arglwydd, tywys hwy i lwybrau ffydd
a phlanna awydd ynddynt i ddilyn Iesu Grist
    Arglwydd, clyw ein gweddi.

Gweddïwn dros y cleifion.
Arglwydd, rho dy nerth i'r rhai
sydd mewn gwendid a phoen,
ac estyn dy law i'w hadfer:
    Arglwydd, clyw ein gweddi.

Gweddïwn dros y tlawd a'r digartref.
Arglwydd, cadw hwy rhag anobaith
a gwna ni'n barotach i'w cefnogi a'u cynorthwyo:
    Arglwydd, clyw ein gweddi.

Gweddïwn dros bawb sydd mewn carchar.
Arglwydd, nertha hwy i ymgynnal yn eu caethiwed
a thywys hwy drwy eu caledi i ganfod
bywyd newydd ynot ti:
Arglwydd, clyw ein gweddi.

Gweddïwn dros bawb sy'n dioddef erledigaeth
am eu ffydd.
Arglwydd, bydd yn gynhaliaeth ac yn nerth iddynt
a chymorth hwy i gadw'u ffydd a'u gobaith yn fyw:
Arglwydd, clyw ein gweddi.

Cyflwynwn ein hunain a'n gilydd
a phawb y gweddïwn drostynt
i'th drugaredd a'th ofal di,
O Dduw ein Tad a'n Gwaredwr:
Arglwydd, clyw ein gweddi,
ac ateb ein holl ddeisyfiadau,
yn enw dy Fab Iesu Grist. Amen.

42 Arglwydd trugarog,
    gweddïwn dros dy eglwys ledled y byd.
    Gad i bawb sy'n cyffesu dy enw
    gael eu huno yn dy wirionedd
    a byw yn gytûn yn dy dangnefedd:
      Dduw cariad, gwrando ein gweddi.

    Gweddïwn dros arweinwyr, llywodraethau a phobloedd.
    Tywys yr holl genhedloedd
    yn ffordd cyfiawnder a heddwch,
    fel y dysgant anrhydeddu ei gilydd
    a chyd-fyw mewn heddwch a chytgord:
      Dduw cariad, gwrando ein gweddi.

    Gweddïwn dros y ddaear a'n hamgylchfyd.
    Dysg ni i barchu dy greadigaeth,
    i ddefnyddio'i hadnoddau'n ddoeth,
    ac i warchod ei chyfoeth a'i phrydferthwch,
    er lles ein gilydd ac er gogoniant i ti.
      Dduw cariad, gwrando ein gweddi.

    Gweddïwn dros bawb sydd â'u bywydau
    ynghlwm wrth ein bywydau ni.
    Planna ynom barch a chariad tuag ein gilydd,
    cymorth ni i weini ar bawb mewn angen
    ac i wasanaethu Crist ynddynt hwy:
      Dduw cariad, gwrando ein gweddi.

    Gweddïwn dros bawb sy'n dioddef
    mewn corff, meddwl ac ysbryd.
    Rho iddynt ddewrder a gobaith i ymgynnal,
    adfer hwy yn ôl dy ewyllys,
    a thywys hwy i lawenydd dy iachawdwriaeth:
      Dduw cariad, gwrando ein gweddi. Amen.

43   Arglwydd Iesu Grist, cydnabyddwn dy
arglwyddiaeth dros bob rhan o'n bywyd.

Fab Mair,
cysegra ein cartrefi.

Fab Dafydd,
pura ein gwleidyddiaeth.

Fab y Dyn,
teyrnasa dros y cenhedloedd.

Fab Duw,
rho i ni fywyd tragwyddol.

Iesu'r Saer,
sancteiddia'n gwaith beunyddiol.

Iesu'r Gwaredwr,
achub ni oddi wrthym ein hunain.

Iesu'r Croeshoeliedig,
datguddia dy gariad i bawb sy'n dioddef.

Iesu, Rhoddwr bywyd,
adnewydda dy eglwys.

Iesu, Gair Duw,
perffeithia dy greadigaeth.

Arwain y byd i adnabod dy gariad,
**oherwydd eiddot ti yw'r gallu a'r gogoniant
yn oes oesoedd. Amen**.

44   Arglwydd, dymunwn gyflwyno i'th ofal
bawb sydd mewn angen ac mewn gofid:

i'r rhai sy'n dioddef:
Arglwydd, rho esmwythad;

i'r rhai sy'n flinedig:
Arglwydd, rho orffwys;

i'r rhai sy'n drist:
Arglwydd, rho ddiddanwch;

i'r rhai sy'n newynu:
Arglwydd, rho ymborth;

i'r rhai sydd mewn dryswch ac ansicrwydd:
Arglwydd, rho gyfarwyddyd;

i'r rhai sy'n dioddef gormes a chreulondeb:
**Arglwydd, rho obaith am ryddid
a gwell byd.**

Gofynnwn hyn yn enw ac yn haeddiant
Iesu Grist ein Harglwydd. **Amen.**

45   Arglwydd, agorwn ein calonnau,
       i dderbyn ac i ddathlu dy dangnefedd
       na all y byd ei roi na'i gymryd oddi wrthym.

       I ganol hynt a helynt ein bywyd,
       i ganol balchder ein llwyddiant,
       i ganol siom ein methiant,
       i ganol anterth ein hiechyd,
       i ganol cysgodion ein dioddefaint:
       **Arglwydd, tyrd yn dy dangnefedd
       a rho i ni ddiddanwch**.

       I ganol dynoliaeth ranedig a briw,
       i ganol rhyfeloedd a therfysgoedd y byd,
       i ganol ing y clwyfedig,
       i ganol dychryn y ffoadur a'r alltud,
       i ganol pechod a chywilydd ein creulonderau:
       **Arglwydd, tyrd yn dy dangnefedd
       a dangos i ni lwybr gwaredigaeth**.

       I ganol gwaith a thystiolaeth dy eglwys,
       i ganol addoliad dy bobl,
       i ganol cymdeithas y dau neu dri,
       i ganol ein hymdrech i rannu'r Ffydd ag eraill,
       i ganol ein hymchwil am undeb ac adnewyddiad:
       **Arglwydd, tyrd yn dy dangnefedd
       a bydd yn oleuni ac yn ysbrydiaeth i ni**.

       Arglwydd, gad i'th dangnefedd
       ein meddiannu, ein llenwi a'n cofleidio,
       rhag i ddim gynhyrfu'n calon a rhag inni ofni. **Amen**.

46   Iesu, Arglwydd yr Eglwys
yr wyt wedi'n galw i deulu
y rhai a elwir yn blant i Dduw.
Cymorth ni i dyfu yn ein cariad
tuag at ein brodyr a'n chwiorydd yn y ffydd
ac i adlewyrchu dy gariad di i'r byd.
**Iesu, Arglwydd yr Eglwys,
clyw ein gweddi.**

Yr wyt wedi'n galw i fod yn deml
ac yn drigfan i'th Ysbryd Glân.
Rho i ni feddyliau glân a chalonnau pur
fel y bydd ein bywydau'n tystio i'th sancteiddrwydd di.
**Iesu, Arglwydd yr Eglwys,
clyw ein gweddi.**

Yr wyt wedi'n galw i fod yn oleuni yn y byd
ac yn dystion i'th ras achubol.
Gad i'th oleuni ddisgleirio drwy ein bywyd a'n gwaith
er mwyn i'r rhai sydd mewn tywyllwch dy ganfod di.
**Iesu, Arglwydd yr Eglwys,
clyw ein gweddi.**

Yr wyt wedi'n galw i fod yn aelodau o'th gorff,
i gyd-ddioddef a chyd-lawenhau ynot ti.
Defnyddia ni i ddwyn nerth a diddanwch
i bawb sydd mewn gofid.
**Iesu, Arglwydd yr Eglwys,
clyw ein gweddi.**

Yr wyt wedi'n galw i fod yn Briodferch yr Oen
a thithau, Arglwydd, yw'r Priodfab.
Gad i ni dyfu yn ein cariad tuag atat

a chlyma ni'n un yn dy gariad di.
Iesu, Arglwydd yr Eglwys,
clyw ein gweddi.

Yr wyt wedi'n galw i fod yn dystion i ti
ac i wneud disgyblion o'r holl genhedloedd.
Bendithia genhadaeth dy Eglwys ymhob rhan o'r byd
a phrysura ddyfodiad dy deyrnas ar y ddaear.
Iesu, Arglwydd yr Eglwys,
clyw ein gweddi,
ac una ni mewn meddwl a chalon
i'th wasanaethu mewn llawenydd hyd byth. Amen.

47. Dduw ffyddlon, gweddïwn dros dy fyd
a thros ddyfodiad dy deyrnas yn ein plith.

Mewn byd o newid a gobaith,
o ofn ac o anturiaeth:
Dduw ffyddlon, deled dy deyrnas.

I'n cymdeithas ac i'n cymunedau,
yn eu llwyddiant a'u tlodi:
Dduw ffyddlon, deled dy deyrnas.

I'n cartrefi a'n teuluoedd,
ac i blith ein ffrindiau a'n cydnabod:
Dduw ffyddlon, deled dy deyrnas.

I ganol ein profiadau chwerw
i'n tristwch a'n gofidiau:
Dduw ffyddlon, deled dy deyrnas.

I fywydau ein plant a'n pobl ifanc,
i roi iddynt ffydd a delfrydau uchel:
Dduw ffyddlon, deled dy deyrnas.

I'n cryfder a'n llwyddiant,
i'n gwendid a'n methiant:
Dduw ffyddlon, deled dy deyrnas.

Trwy genhadaeth dy Eglwys,
trwy ei gweddi a'i gwaith,
ei thystiolaeth a'i gwasanaeth:
**Dduw ffyddlon, deled dy deyrnas,
a gwneler dy ewyllys,
ar y ddaear fel yn y nef. Amen**.

48.   Arglwydd ein Duw,
      yr wyt ti wedi'n dysgu i weddïo dros bawb;
      gwrando ni'n awr yn ein hymbiliau dros y byd
      a thros bawb mewn angen.

      Gweddïwn dros holl genhedloedd y ddaear
      a thros deulu dyn ymhob man:
      Rho heddwch rhwng pobloedd
      ac arwain y byd o afael gormes ac ysbryd rhyfelgar.

      Gweddïwn dros ein gwlad,
      a thros bawb sydd yn arwain ac yn llywodraethu:
      Rho iddynt oleuni a doethineb
      i ddefnyddio'u doniau er lles cymdeithas.

      Gweddïwn dros ein teuluoedd a'n cartrefi,
      dros ein hanwyliaid a'n ffrindiau oll:
      Rho di dy fendith iddynt a chysgoda drostynt.

      Gweddïwn dros y claf, y gwan a'r amddifad,
      yn enwedig y rhai y gwyddom ni amdanynt:
      Rho dy gymorth iddynt
      a gad iddynt brofi dy allu iachaol.

      Gweddïwn dros dy Eglwys
      a thros gynulleidfaoedd dy bobl ym mhob man:
      Gad i'r rhai sy'n caru'n Gwaredwr ei garu'n fwy
      ac ymroi i'w wasanaethu a'i glodfori. Amen.

49. Arglwydd amser a thragwyddoldeb,
Arglwydd cariad, Bara'r bywyd:
Ymbiliwn dros dy fyd
a thros dy blant anghenus.
O awr i awr, ar draws y byd,
y mae plant bach yn marw
o newyn, a thlodi ac afiechydon,
ac mor hawdd yw i ni anghofio amdanynt:
Fara'r bywyd,
dysg ni i rannu'n bara â'r newynog.
O awr i awr, ar draws y byd,
y mae'r tlawd, y gwan a'r di-lais yn cael eu gormesu
gan bwerau economaidd a gwleidyddol,
a'u gwthio i anobaith llwyr:
Fara'r bywyd,
deffro ein cydwybod a'n hewyllys,
i weithio drostynt.
O awr i awr, ar draws y byd,
y mae rhywrai yn canfod gwaith
a chyfeillgarwch a ffydd,
sy'n dwyn gobaith a goleuni i'w bywyd
fel cawod o law mewn diffeithwch:
Fara'r bywyd,
defnyddia ni i ddwyn gobaith i eraill.
O awr i awr, ar draws y byd,
y mae teulu Crist yn ymgynnull,
i addoli, i ddysgu oddi wrth dy air,
ac i ymrwymo i fod yn gyfryngau
dy gariad a'th wirionedd yn y byd:
Fara'r bywyd,
yn cynnal popeth byw,
yn rhoi goleuni i bob dydd
ac ystyr i bob bywyd,
portha ni oll
â'r bara sydd yn fwyd yn wir. Amen.

50.   Arglwydd, ein noddfa a'n nerth,
      cyflwynwn i'th ofal
      bawb sydd mewn cyfyngder
      ac yn wynebu anawsterau.

      Cyflwynwn i ti
      y rhai sy'n gweithio dros dy deyrnas,
      ac yn cyhoeddi newyddion da dy gariad
      yn wyneb peryglon ac erlid:
        Arglwydd, bydd yn noddfa ac yn nerth iddynt.

      Cyflwynwn i ti
      y rhai a etholwyd i lywodraethu,
      a'r rhai sy'n gweithio dros gyfiawnder a thegwch
      yn ein cymunedau ac mewn cyngor a senedd:
        **Arglwydd, bydd yn gymorth parod iddynt mewn
        cyfyngder.**

      Cyflwynwn i ti,
      y rhai sy'n cynnal cartref ac yn magu plant,
      a'r teuluoedd sydd dan straen
      ac mewn perygl o chwalu:
        Arglwydd, bydd di yn y canol i'w cynorthwyo.

      Cyflwynwn i ti,
      y rhai sydd dan bwysau gwaith,
      a'r rhai sydd yn ddi-waith
      ac wedi colli urddas a gobaith:
        Arglwydd, cadw hwy yn dy gariad.

      Cyflwynwn i ti
      y rhai sy'n ddifrifol wael,
      y rhai sy'n gofalu amdanynt,

a'r rhai fydd yn marw heddiw:
Arglwydd, bydd yn nerth ac yn dangnefedd iddynt.

Cyflwynwn i ti,
y rhai nad ydynt yn dy adnabod,
y rhai sydd wedi cefnu arnat,
a'r rhai sy'n chwilio amdanat
ac yn brwydro â'u hamheuon:
Arglwydd, arwain hwy i'th ganfod a'th garu.

Arglwydd y Lluoedd bydd gyda ni:
**Dduw Jacob, bydd yn gaer i ni,
ac i bawb yr ymbiliwn drostynt. Amen.**

Y GWYLIAU CRISTNOGOL

51   ADFENT

Bydd yr anialwch a'r sychdir yn llawenhau,
bydd y diffaethwch yn gorfoleddu ac yn blodeuo:
Cânt weld gogoniant yr Arglwydd,
a mawredd ein Duw ni.

Dywedwch wrth y gwangalon, 'Ymgryfhewch, nac
ofnwch;
Wele, daw eich Duw mewn cyfiawnder i'ch gwaredu:'
Cânt weld gogoniant yr Arglwydd,
a mawredd ein Duw ni.

Agorir llygaid y deillion a chlustiau'r byddariaid;
bydd y cloff yn llamu fel hydd a bydd tafod y mudan yn
canu:
Cânt weld gogoniant yr Arglwydd,
a mawredd ein Duw ni

Bydd dyfroedd yn torri allan yn yr anialwch,
ac afonydd yn y diffeithwch;
bydd y crastir yn troi'n llyn
a'r tir sych yn ffynhonnau byw:
Cânt weld gogoniant yr Arglwydd,
a mawredd ein Duw ni.

Bydd gwaredigion yr Arglwydd yn dychwelyd,
wedi eu coroni â llawenydd tragwyddol:
Cânt weld gogoniant yr Arglwydd,
a mawredd ein Duw ni.

Cânt eu hebrwng gan lawenydd a gorfoledd,
a bydd gofid a griddfan yn ffoi ymaith am byth:
Cânt weld gogoniant yr Arglwydd,
a mawrygant ei enw yn oes oesoedd.

Gogoniant i'r Tad, ac i'r Mab
ac i'r Ysbryd Glân:
Fel yr oedd yn y dechrau,
y mae yr awr hon,
ac y bydd yn wastad. Amen.
(*Seiliedig as Eseia 35*)

52 NADOLIG

Y bobl oedd yn rhodio mewn tywyllwch
a welodd oleuni mawr;
y rhai a fu'n byw mewn gwlad o gaddug dudew
a gafodd lewyrch golau:
Canys bachgen a aned i ni, mab a roed i ni.
Yr wyt wedi amlhau eu gorfoledd
ac ychwanegu at eu llawenydd:
byddant yn llawenhau o'th flaen
fel yn adeg y cynhaeaf:
Canys bachgen a aned i ni, mab a roed i ni.
Drylliaist yr iau oedd yn faich iddynt,
a'r croesfar oedd yn drwm ar eu hysgwydd,
a'r ffon oedd gan eu gyrrwr:
Canys bachgen a aned i ni, mab a roed i ni.
Fe'i gelwir 'Cynghorwr rhyfeddol,
y Duw cadarn, y Tad bythol,
Tywysog tangnefedd:'
Canys bachgen a aned i ni, mab a roed i ni.
Ni bydd diwedd ar gynnydd ei lywodraeth,
ac ar ei heddwch i orsedd Dafydd a'i frenhiniaeth,
i'w sefydlu'n gadarn â barn a chyfiawnder:
Canys bachgen a aned i ni, mab a roed i ni.
Ni fydd tywyllwch byth eto
i'r sawl a fu mewn cyfyngder;
bydd sêl Arglwydd y Lluoedd yn gwneud hyn:
Canys bachgen a aned i ni, mab a roed i ni.
Gogoniant i'r Tad, ac i'r Mab
ac i'r Ysbryd Glân:
Fel yr oedd yn y dechrau,
y mae yr awr hon,
ac y bydd yn wastad. Amen.
(*Seiliedig ar Eseia 9, 1-7*)

53   Y GROGLITH

Llais 1:   *Meddai Iesu, 'O Dad, maddau iddynt,*
oherwydd ni wyddant beth y maent yn ei
wneud.'

Llais 2:   Arglwydd, cyffeswn fod egwyddorion
cariad, cyfiawnder a thosturi yn cael eu
croeshoelio bob dydd ym mhob gwlad,
gan y pwerus a'r breintiedig,
am na wyddant beth y maent yn ei wneud.

Pawb: **Arglwydd, trugarha wrthym,**
a nertha ni i sefyll gyda'r rhai
sy'n dioddef oherwydd creulondeb
a thrachwant ac anghyfiawnder eu cyd-
ddynion.
           Distawrwydd

Llais 1:   *Pan welodd Iesu ei fam a'r disgybl yr oedd*
yn ei garu yn sefyll yn ei hymyl, meddai
wrth ei fam, 'Wraig, dyma dy fab di.' Yna
dywedodd wrth y disgybl, 'Dyma dy fam
di.'

Llais 2:   Arglwydd, gweddïwn dros dy deulu ledled
y byd, yn enwedig ein brodyr a'n
chwiorydd mewn angen,
y rhai sy'n cael eu herlid,
a'r rhai sy'n gweithio drosot
mewn sefyllfaoedd anodd a digalon.

Pawb: **Arglwydd, clyw ein gweddi,**
a rho i ni ac i'th bobl ym mhob man,
dy Ysbryd i'n cynnal,
a'th gariad i'n clymu ynghyd yn un teulu
ynot ti.

Distawrwydd

Llais 1:   *Meddai Iesu, 'Fy Nuw, fy Nuw, pam yr wyt wedi fy ngadael?'*

Llais 2:   Arglwydd, gweddïwn dros y rhai sydd yn nyfnder trallod ac anobaith; y rhai mewn afiechyd nad oes gwella iddynt; y rhai sydd mewn galar, a'r rhai sydd wedi eu llethu gan gywilydd ac euogrwydd.

Pawb: **Arglwydd, cynnal a chysura hwy, a gad iddynt wybod dy fod yn bresennol ynghanol eu trallodion ac nad wyt byth yn eu gadael yn ddiymgeledd.**

Distawrwydd

Llais 1:   *Meddai Iesu, 'Gorffennwyd!'*

Llais 2:   Arglwydd, diolchwn i Iesu Grist ein caru i'r diwedd, a chwblhau'r gwaith o'n cymodi â thi. Rho i ninnau nerth i ddyfalbarhau yn ein tystiolaeth a'n gwasanaeth, ac i gerdded ffordd ei gariad ef hyd y diwedd.

Pawb: **Arglwydd, rho i ni ras i ddilyn Iesu bob dydd o'n hoes, i barhau yn y gwaith a roddaist i ni i'w gyflawni, yn awr, a hyd yn oes oesoedd.**

Distawrwydd.

Llais 1:   Clyw ein gweddi yn enw ein Harglwydd a'n Gwaredwr croeshoeliedig ac atgyfodedig, Iesu Grist.   **Amen.**

Grist atgyfodedig,
a ddaethost at Mair yn ei dagrau yn yr ardd
a throi ei thristwch yn orfoledd,
tyrd atom ni yn awr.

Grist atgyfodedig,
a sefaist ymysg dy ddisgyblion
i ddangos iddynt dy ddwylo a'th draed,
a'u codi o afael eu hamheuon,
tyrd atom i gadarnhau ein ffydd.

Grist atgyfodedig,
a gerddaist gyda'r ddau ar ffordd Emmaus
ac a amlygaist dy hun iddynt
yn nhoriad y bara,
tyrd atom i agor ein llygaid i ni dy weld.

Grist atgyfodedig,
a ddaethost at Pedr ar lan y môr,
i'w ryddhau o'i euogrwydd
ac i osod arno'r dasg o fugeilio dy braidd,
tyrd atom i'n nerthu yn dy waith.

Grist atgyfodedig,
a roddaist gomisiwn i'th ddilynwyr
i wneud disgyblion o'r holl genhedloedd
ac i ennill y byd i ti,
tyrd atom i arddel ein tystiolaeth.

Grist atgyfodedig,
yr wyt ti'n sefyll yn ein mysg,

yn cyfarfod â ni,
yn siarad â ni,
yn mynegi i ni addewidion y Tad:
dathlwn y bywyd newydd a ddaw i ni
drwy dy fuddugoliaeth ar angau a'r bedd,
ac i ti y bo'r clod a'r gogoniant,
yn oes oesoedd. Amen.

55 Y PENTECOST

Y mae'r Ysbryd yn ein cynorthwyo yn ein gwendid.
Oherwydd ni wyddom ni sut y dylem weddïo,
ond y mae'r Ysbryd ei hun yn ymbil drosom
ag ocheneidiau y tu hwnt i eiriau:
    Dad nefol, i ti y bo'r diolch a'r clod.

Yng Nghrist Iesu y mae cyfraith yr Ysbryd,
sy'n rhoi bywyd, yn ein rhyddhau o afael
cyfraith pechod a marwolaeth:
    Dad nefol, i ti y bo'r diolch a'r clod.

Y sawl sydd ar wastad yr Ysbryd,
ar bethau'r Ysbryd y mae eu bryd,
ac y mae bod â'n bryd ar yr Ysbryd yn fywyd a
heddwch:
    Dad nefol, i ti y bo'r diolch a'r clod.

Os yw'r Ysbryd a gyfododd Crist oddi wrth
y meirw yn cartrefu ynom, bydd yn rhoi bywyd
newydd hyd yn oed i'n cyrff marwol ni:
    Dad nefol, i ti y bo'r diolch a'r clod.

Gwyddom fod Duw, ym mhob peth,
yn gweithio er daioni gyda'r rhai sy'n ei garu.
Os yw Duw trosom, pwy sydd yn ein herbyn?
    Dad nefol, i ti y bo'r diolch a'r clod.

Trwy dy Ysbryd Glân, molwn a gogoneddwn dy enw:
    Sanctaidd, Sanctaidd, Sanctaidd Arglwydd,
    Dduw pob gallu a grym,
    nefoedd a daear sydd lawn o'th ogoniant.
    Hosanna yn y goruchaf. AMEN.
(Seiliedig ar Rhufeiniaid 8)

SACRAMENTAU A DEFODAU ERAILL

56. SACRAMENT BEDYDD
(1). BEDYDD PLANT: GWEDDI CYN Y BEDYDD.

Gogoniant i'r Tad, y Creawdwr:
Gogoniant i'r Mab, ein Gwaredwr.
Gogoniant i'r Ysbryd, Rhoddwr bywyd:
Gogoniant i'r Un Duw yn oes oesoedd.
Gogoniant iddo ar y ddaear:
Gogoniant iddo yn y nef.
Gogoniant iddo yn yr eglwys:
Gogoniant iddo yn y cartref.
Gogoniant iddo yn awr:
Gogoniant iddo'n oes oesoedd.

Rhown ddiolch, O Dduw,
am i ti ein creu a'n cynnal yn dy ras,
a dod atom yn dy Fab Iesu Grist,
er mwyn i ni gael bywyd newydd ynddo ef:
Ynddo ef yr oedd bywyd,
a'r bywyd, goleuni dynion ydoedd.

Rhown ddiolch i ti
am Sacramentau'r Efengyl,
ac am y Bedydd Sanctaidd sy'n mynegi
ein derbyniad i deulu'r ffydd:
Mewn un Ysbryd y cawsom i gyd
ein bedyddio i un corff.

Rhown ddiolch i ti am ddŵr,
i'n cadw'n fyw ac yn lân,
ac i arwyddo i ni faddeuant pechodau
a llifeiriant dy ras achubol:
Y mae'r dŵr hwn yn troi yn ffynnon

sy'n ffrydio i fywyd tragwyddol.

Rhown ddiolch i ti
fod cyfamod dy ras nid yn unig i ni ond hefyd i'n plant:
I ni y mae'r addewid ac i'n plant ac i bob un y bydd ein Duw ni yn ei alw ato.

Rhown ddiolch i ti am *N__* ac am i ti ei roi i A_ a C_, ac am eu dymuniad i'w *gyflwyno/chyflwyno* i ti a cheisio *iddo/ iddi* le o fewn teulu dy eglwys:
Dywedodd Iesu. 'Gadewch i'r plant ddod ataf fi, oherwydd i rai fel hwy y mae teyrnas Dduw yn perthyn.'

Trwy rym dy Ysbryd, sancteiddia'r hyn a wnawn yn awr wrth fedyddio E___ yn dy enw, ar ddechrau ei *fywyd/ bywyd* Cristnogol, fel y bydd yn tyfu mewn ffydd ac yn dod i broffesu Crist *drosto/drosti'i* hun:
Dywedodd Iesu, 'Yr hwn a gred ac a fedyddir a gaiff ei achub.'

Rho dy fendith ar ei *rieni/rhieni* wrth iddynt addunedu i'w *fagu/magu* yn y ffydd a'i *ddysgu/dysgu* i'th garu di:
Gwyn eu byd y rhai sy'n ofni yr Arglwydd ac yn dysgu eu plant i'w wasanaethu.

Cynorthwya bob un ohonom heddiw i adnewyddu addewidion ein bedydd i ti fel y gallwn roi arweiniad cymwys i'n plant a bod yn dystion teilwng i Grist yn y byd:
Un corff sydd, ac un Ysbryd, un Arglwydd, un ffydd, un bedydd, un Duw a Thad i bawb.

Ac iddo ef y bo'r gogoniant yn yr eglwys, trwy Grist Iesu, dros yr holl genedlaethau, a hyd yn oes oesoedd. **Amen.**

57. (2). BEDYDD OEDOLION

Dywedodd Iesu, Oni chaiff dyn ei eni o ddŵr a'r Ysbryd ni
all fynd i mewn i deyrnas Dduw:
**Yr hyn sydd wedi ei eni o'r cnawd, cnawd yw, a'r hyn
sydd wedi ei eni o'r Ysbryd, ysbryd yw.**

Mewn un Ysbryd y cawsom i gyd ein
bedyddio i un corff, a rhoddwyd i
bawb ohonom un Ysbryd i'w yfed:
**Y mae pob un sydd wedi ei fedyddio
i Grist wedi gwisgo Crist amdano.**

Gwelwch pa fath gariad y mae'r Tad wedi ei ddangos tuag
atom:
Cawsom ein galw yn blant Duw, a dyna ydym.

Gweddïwn.
Yr wyt ti, O Grist, yn bresennol gyda ni yn y sacrament
hwn, yn cysegru dyfroedd y Bedydd, yn ein glanhau o bob
pechod, ac yn ein hawlio yn eiddo i ti dy hun:
Arglwydd, diolchwn i ti.

Yma cawn ein gwneud yn un â thi, gan rannu yn dy
farwolaeth trwy farw i bechod, a chan rannu yng ngrym dy
atgyfodiad, ein codi i fywyd newydd:
Arglwydd, diolchwn i ti.

Am i ti arwain A___ a B ___ i'th adnabod a'th garu, i
broffesu *ei/eu* ffydd yng Nghrist, i'w *dderbyn/derbyn* yn
aelod/aelodau o deulu dy eglwys, ac i'w *fedyddio/
bedyddio* yn dy enw:
Arglwydd, diolchwn i ti.

72

Cynnal a nertha *ef/hwy* yn eu bywyd Cristnogol, cryfha *ei/ eu* ffydd, amddiffyn *ef/hwy* ym mhob temtasiwn, a rho *iddo/iddynt* nerth a gwroldeb i fyw a thystio i ti yn y byd:
Arglwydd, clyw ein gweddi.

Cyffwrdd bob un ohonom heddiw
â gras ein bedydd,
a chymorth ni i gynnal a chefnogi
ein *cyfaill/cyfeillion* yn y ffydd;
i weddïo *drosto/drostynt,* ac i'w helpu ym mhob ffordd i
dyfu mewn deall a doethineb:
Arglwydd, clyw ein gweddi.

Llwydda waith a chenhadaeth dy eglwys, nertha hi â'th
Ysbryd Glân, sancteiddia ei bywyd a'i chymdeithas, a
gwna hi'n gyfrwng dy gariad a'th wirionedd yn y byd:
Arglwydd, clyw ein gweddi, yn enw Iesu Grist ein Harglwydd. Amen.

58. DERBYN I AELODAETH O'R EGLWYS

Os cyffesi Iesu yn Arglwydd â'th enau, ac os credi yn dy galon fod Duw wedi ei gyfodi ef oddi wrth y meirw, cei dy achub:
Bydd pob un sy'n galw ar enw yr Arglwydd yn cael ei achub, pwy bynnag yw.

Yn awr, chwi yw corff Crist, ac y mae i bob un ohonoch ei le fel aelod:
Gadewch i ni ddilyn y gwir mewn cariad, a thyfu ym mhob peth i Grist.

Felly, gan eich bod wedi derbyn Crist Iesu, yr Arglwydd, dylech fyw ynddo ef:
Gwnawn bopeth yn enw yr Arglwydd Iesu, gan roi diolch i Dduw y Tad drwyddo ef.

Gweddïwn.
Dyma ni, Arglwydd, yn deulu dy bobl yn y lle hwn, aelodau o'th eglwys fawr, o bob cenedl, hil ac iaith:
Corff Crist a chymdeithas yr Ysbryd.

Molwn di am ein creu a'n cynnal, am gyfoethogi'n bywyd â'th roddion da, ac yn fwy na dim am anfon Iesu Grist i'r byd i'n cymodi â thi ac i roi i ni fywyd:
Rhoddwn ddiolch i ti, Arglwydd, â'n holl galon.

Diolchwn i ti am gadwyn y ffydd, yn ein cydio â chymdeithas dy bobl ym mhob man ac ym mhob oes, ac am y rhai a'n harweiniodd ninnau i adnabod a charu Crist:
Dathlwn gyfoeth yr etifeddiaeth a roddaist i ni ymhlith y saint.

Diolchwn i ti am y rhai yma heddiw sydd wedi proffesu eu ffydd ynot, wedi cyflwyno'u hunain i Iesu Grist, ac wedi addo bod yn deyrngar i ti, i'th eglwys ac i'th wasanaeth: **Rho ras iddynt i fod yn ffyddlon i'w haddunedau ac yn deyrngar i'r Efengyl.**

Rho dy Ysbryd iddynt i'w cynorthwyo
i aeddfedu yn eu ffydd,
i dyfu yng nghymdeithas dy eglwys,
i fod yn dystion byw i'r Efengyl,
ac i ganfod llawenydd yn dy waith:
Cynorthwya ni i'w cynnal â'n cyfeillgarwch a'n gweddiau.

Bendithia waith dy eglwys heddiw
a chynorthwya bob un ohonom
i ddyfalbarhau yn ein tystiolaeth,
i fyw mewn cariad ac undod
ac i ddilyn Iesu bob dydd o'n hoes:
Gras fo gyda phawb sy'n caru ein Harglwydd Iesu Grist. Ac iddo ef y bo'r gogoniant, yn awr a hyd byth. Amen.

59.   Y CYMUN BENDIGAID
Y WEDDI O DDIOLCH

A yw Duw gyda ni?
Y mae yma yn ein mysg.

A yw Crist gyda ni?
Y mae yma yn y canol.

A yw'r Ysbryd gyda ni?
Y mae'n symud yn ein plith.

Dyma ein Duw:
A ninnau yw ei bobl.

Codwn ein calonnau:
Fe'u codwn mewn moliant i'r Arglwydd.

Rhown ddiolch i'r Arglwydd ein Duw:
Y mae'n teilyngu ein diolch a'n clod.

Arglwydd Dduw hollalluog, diolchwn i ti am ein creu ar dy
lun i fod yn blant i ti ac i fyw er dy glod;
am i ti arwain dy bobl ym mhob oes o gaethiwed i ryddid,
o dywyllwch i oleuni;
ac am i ti, yng nghyflawnder yr amser, anfon dy Fab Iesu
Grist i'n byd i fod yn Waredwr ac yn Arglwydd i ni.

Ymunwn gyda holl deulu dy bobl, yn y nef ac ar y ddaear,
i'th glodfori di'n dragwyddol:
**Sanctaidd, Sanctaidd, Sanctaidd Arglwydd, Dduw pob
gallu a nerth, Nef a daear sy'n llawn o'th ogoniant:
Hosanna yn y goruchaf!**

Mewn moliant a diolch
coffawn yn awr aberth ein Harglwydd Iesu, cyhoeddwn ei
atgyfodiad buddugoliaethus, dathlwn ein gwaredigaeth
ynddo ef, a disgwyliwn ei ddyfodiad mewn gogoniant:
Crist a fu farw, Crist a gyfododd, Crist a deyrnasa.

Trwy dy Ysbryd Glân
bendithia y rhoddion hyn o fara ac o win, fel y bydd i ni
drwyddynt gyfranogi mewn ffydd
o gorff a gwaed ein Harglwydd byw,
yr hwn y nos y bradychwyd ef
a gymerodd fara, ac wedi iddo ddiolch, fe'i torrodd, a
dywedodd, "Hwn yw fy nghorff sydd yn cael ei dorri er eich
mwyn chwi; gwnewch hyn er cof amdanaf."
Corff Crist a dorrwyd drosom ni.

Yn yr un modd fe gymerodd y cwpan
ar ôl swper a dweud, "Y cwpan hwn
yw'r cyfamod newydd yn fy ngwaed i;
gwnewch hyn bob tro yr yfwch ef er cof amdanaf."
Gwaed Crist a dywalltwyd drosom ni.

Wrth i ni nesáu at dy fwrdd
yn ostyngedig ac yn ddisgwylgar,
una ni â Christ,
â chymdeithas ei bobl ym mhob man,
ac â'r cwmwl anweledig o dystion.
Yr ydym ni, a ninnau'n llawer, yn un corff:
Oherwydd yr ydym i gyd yn cyfranogi
o'r un bara.

Cwpan y fendith yr ydym yn ei fendithio:
Onid cydgyfranogiad a waed Crist ydyw?

Ac iddo ef, gyda thi ein Tad,
yn undod yr Ysbryd Glan,
boed clod a gogoniant,
yn awr a hyd byth. **Amen.**

Gweddi ar ôl y Cymun

Hollalluog Dduw,
diolchwn am i ni gael dod at dy fwrdd,
ac am i ti ein bwydo â chorff a gwaed
dy Fab Iesu Grist.
**Boed i ni sydd wedi cyfranogi o gorff Crist,
fyw ei fywyd atgyfodedig ef.**

Boed i ni sydd wedi yfed o'r cwpan ddwyn bywyd i eraill.
**Boed i ni a oleuwyd gan yr Ysbryd fod yn oleuni i
eraill.**

Danfon ni allan yng ngrym dy Ysbryd i fyw a gweithio
drosot:
**Nid oes bellach fwy i'w ddweud,
ond y mae llawer i'w wneud.
Felly, yn enw Iesu Grist ein Harglwydd,
awn allan i weithio. Amen.**

60. GWASANAETH PRIODAS

Arglwydd, ein Duw a'n Tad,
i'th ofal di y cyflwynwn A__ a C__
wedi eu huno'n awr yn ŵr a gwraig
yn dy enw ac yn dy gariad.
Rho iddynt nerth a dedwyddwch o bwyso arnat ti ac ar ei
gilydd:
Arglwydd, bendithia a chadw hwy.

Iddynt fod yn ffyddlon i'w gilydd
a chadw'r addewidion a wnaed ganddynt heddiw:
Arglwydd, rho iddynt ras.

Iddynt ddwyn beichiau ei gilydd a bod yn ddyfal yn ei gofal
y naill am y llall:
Arglwydd, rho iddynt nerth.

Iddynt ddeall ei gilydd a chydymddwyn
â'i gilydd mewn goddefgarwch:
Arglwydd, rho iddynt amynedd.

Iddynt rannu llawenydd a thristwch ei gilydd a goresgyn
pob anhawster a ddaw dros eu llwybrau:
Arglwydd, rho iddynt ddoethineb.

Iddynt gyfoethogi eu perthynas a pherffeithio eu serch a'u
dedwyddwch yn ei gilydd:
Arglwydd, rho iddynt dy gariad.

Llewyrcha dy wyneb arnynt heddiw ac arwain hwy i'r
dyfodol:
Arglwydd, bydd yn drugarog wrthynt.

Gwna eu cartref newydd yn fangre llawenydd a
thangnefedd:
Arglwydd, bydd yno yn y canol.

Bendithia eu rhieni a'r teuloedd
a'u meithrinodd mewn cariad a'u
paratoi ar gyfer ei gilydd:
Arglwydd, rho iddynt lawenydd.

Cynorthwya ni oll heddiw
i adnewyddu ein haddewidion
o gariad a ffyddlondeb i'n gilydd,
ac i fyw mewn ffydd ac ufudd-dod i ti,
ein Duw; trwy Iesu Grist ein Harglwydd,
a'n dysgodd i weddïo gan ddweud,
Ein Tad, . . .   Amen.